LA
CAVALERIE AU TONKIN

Extrait du Journal des Sciences militaires.

(Février 1885.)

PARIS

LIBRAIRIE MILITAIRE DE L. BAUDOIN ET C°

LIBRAIRES-ÉDITEURS

30, Rue et Passage Dauphine, 30

1885

LA
CAVALERIE AU TONKIN

PARIS. — IMPRIMERIE L. BAUDOIN ET Ce, RUE CHRISTINE, 2.

LA
CAVALERIE AU TONKIN

Extrait du **Journal des Sciences militaires.**

(Février 1885.)

PARIS

LIBRAIRIE MILITAIRE DE L. BAUDOIN ET Ce

LIBRAIRES-ÉDITEURS

30, Rue et Passage Dauphine, 30

—

1885

LA CAVALERIE AU TONKIN.

I.

Au moment où l'on envoie au Tonkin quelques troupes de cavalerie, il est intéressant de connaître le rôle que la cavalerie a déjà joué dans ce pays, sa tactique, les observations qu'a suggérées son emploi, et d'en déduire le rôle qu'elle peut être appelée à y remplir.

Pour bien comprendre ce rôle, quelques mots sur le terrain et sur l'ennemi sont nécessaires.

Le terrain. — N'ayant sur le Tonkin que des données incertaines ou contradictoires, on a cru au début que l'emploi de la cavalerie y était impossible parce que les rizières, qui occupent une bonne partie du Delta, offraient un sol non seulement recouvert de 40 à 50 centimètres d'eau, mais mouvant, disait-on. On ajoutait que le cheval ne pouvait supporter le climat. Rien n'est plus inexact; les faits l'ont prouvé.

Et tout d'abord, on ne saurait assez insister sur ce fait que le sol des rizières est suffisamment résistant dans presque tout le Tonkin, pendant la plus grande partie de l'année, pour qu'un cheval puisse les traverser sans encombre. Si le delta du Tonkin n'est pas un pays qui offre le moyen d'évoluer avec de grandes masses réunies, comme une brigade, partout du moins la cavalerie peut s'y déplacer vite sur les chemins ou à travers champs, exécuter des raids et des reconnaissances, et rendre déjà à ce point de vue de grands services.

Toute la plaine basse du Tonkin comprise entre la mer, Nam-Dinh, Hanoï, Haidzuong, Haïphong, est couverte de rizières d'un aspect uniforme, inondées pendant une partie de l'année, mais sèches pendant quatre ou cinq mois. Or, même lorsqu'elles sont couvertes d'eau (à l'exception bien entendu de la saison d'hivernage, saison des hautes eaux), une troupe à pied peut y marcher en bataille ; ainsi, pendant les journées du 11 et du 12 mars 1884, les troupes de la brigade de Négrier marchèrent constamment déployées, et partout où l'homme passe dans la rizière, le cheval peut également passer sans crainte de s'embourber.

Certes il y aura quelquefois à prendre des précautions ; mais, sauf aux hautes eaux, *il faut bien se convaincre que la rizière n'est pas un obstacle à la marche de la cavalerie.*

Dès qu'on sort de cette plaine et qu'on atteint Bac-Ninh, Son-Tay, Hong-Hoa, quand on dépasse le Thai-Binh vers Phu-Lang-Tuong le sol se relève et s'assèche ; les rizières alternent avec des cultures sur terrain sec ; la marche devient plus aisée.

Plus loin encore, on arrive à la montagne. Les premières collines qui forment la ceinture du Delta ont 300 à 400 mètres de hauteur ; elles sont généralement incultes, couvertes assez souvent de hautes herbes ou de jungles que les habitants brûlent tous les trois ans, mais d'un franchissement relativement facile. Leurs formes adoucies, leur sol gazonné, sans que jamais la roche apparaisse, permettent au cheval d'y prendre pied. L'obstacle, ou plutôt la difficulté de franchissement de ces premières collines, consiste dans les marécages qui se forment à leur pied dans quelques vallons, et qui proviennent des eaux que rien ne retient sur les coteaux.

Ces marais sont plus dangereux que la rizière, qui n'est qu'un jeu pour un cheval léger et un cavalier qui sait s'en servir. Il faut les éviter.

Si l'on avance encore, la colline, sans se relever beaucoup, se couvre de buissons, de bosquets impénétrables, véritables avancées de la zone des forêts vierges ; plus on marche, plus les obstacles se resserrent jusqu'à ce qu'on atteigne enfin les forêts. Dès qu'on entre dans ces régions proches de la forêt, il faut le plus souvent suivre la route ou le sentier, dont les difficultés ne sont réelles que dans la saison des pluies. Les nombreux arroyos qui coupent les routes coulent alors comme des torrents, et leur niveau peut s'élever de 3 à 4 mètres dans une nuit.

Les seuls obstacles permanents opposés à la marche dans le Tonkin sont les arroyos et les fleuves ; mais toujours la cavalerie et tous les chevaux des colonnes ont pu les traverser à la nage, ou grâce aux moyens improvisés sur place. Le fleuve Rouge seul et le Thai-Binh, dans la partie basse de son cours, ne pourraient, en règle générale, être franchis de cette façon ; leur lit dépasse toujours 500 mètres et leurs eaux sont trop rapides.

D'ailleurs, au Tonkin comme dans les autres pays, les marches se font sur les routes, routes assez médiocres à la vérité, mais dont on rencontre un nombre suffisant pour se porter commodément à cheval sur les différents centres. Les meilleures sont constituées par les digues ; elles ont alors une moyenne de deux mètres de largeur.

Dans la plaine, les sentiers sont tracés sur le sommet des petits talus qui séparent les rizières ; ces sentiers, quand il pleut, sont souvent détestables ; mieux vaut marcher à côté, dans la rizière.

Les vues sont toujours très étendues dans le Tonkin, surtout dans la plaine du Delta. On n'aperçoit, aussi loin que peuvent porter les regards, que des bouquets de bambous et d'aréquiers de 5 à 6 mètres de hauteur, offrant l'aspect de petits bois : ce sont les villages entourés de leur haie de bambous, cachant si parfaitement les maisons qu'on ne les voit qu'à l'arrivée dans le village même. Ils sont espacés de 500 à 1000 mètres dans la partie la plus peuplée du Tonkin, et réunis les uns aux autres par l'immense nappe toujours verte des rizières. Quelquefois à l'horizon se détache la silhouette sombre des montagnes.

Ces villages offrent des ressources en bétail (buffles et bœufs), en riz et paddy ; les canards, les coqs, les poules, les oies et une race spéciale de porcs y abondent. Ils peuvent permettre une résistance très sérieuse, s'ils sont défendus avec un armement pareil au nôtre.

L'eau est bonne à boire, même puisée dans la rizière ; elle n'est nuisible que par l'abus qu'on en fait. Seule l'eau des grandes mares et des arroyos dans la montagne est souvent empoisonnée par les racines d'un arbre connu dans le pays.

Ces quelques notions sur la nature du pays font déjà voir que la marche d'une troupe de cavalerie est possible partout au Tonkin, bien que le sol soit souvent coupé d'un genre d'obstacles qu'on n'est pas habitué à rencontrer dans nos climats.

Une précaution à prendre est de faire explorer le terrain, surtout dans certaines parties du Delta proches de la mer et les

plus basses du pays, et où réellement la marche serait dangereuse.

Dès qu'on s'avance dans le nord, aucun danger n'existe. En
résumé, partout où un homme marche dans la rizière, un cheval français ou arabe peut le suivre, sans crainte de faire céder
le sol sous son poids et sans crainte de s'embourber.

Quelques mots maintenant sur l'ennemi, sa manière de se
renseigner et de combattre, son armement et son moral, donne-
ront encore des raisons qui militent en faveur de l'emploi de la
cavalerie.

L'ennemi. — L'ennemi qu'on rencontre au Tonkin est de deux
sortes : le Chinois, le pirate indigène.

Les Chinois seuls ont une apparence d'organisation militaire ;
mais sur bien des points ils n'ont pas augmenté leurs connais-
sance depuis 1863. Leurs notions sur l'art de la guerre sont
restées les mêmes qu'à cette époque, et volontiers ils accuse-
raient de lâcheté et de félonie l'adversaire qui ne les attaque pas
sur la ligne qu'ils ont préparée pour la défense. Au Tonkin, ils
n'ont pas de cavalerie ; ils n'ont que de l'infanterie, et une artillerie qu'on ne rencontre jamais que dans les places, là où elle
ne peut faire aucun mal [1].

La seule arme qu'ils traînent avec eux et qui fasse plus de
bruit qu'un fusil, est une sorte de coulevrine à pivot, de deux
mètres de long, dans laquelle ils mettent de la mitraille qui
porte à 400 mètres.

Les régiments d'infanterie au Tonkin sont à 1000 hommes ;
les sous-groupes dans le régiment sont de 50 et de 10 hommes.
Sur 100 hommes, 30 seulement sont armés de fusils (souvent
des Remington) ; le reste est armé de sabres, de lances, et quelquefois d'un revolver.

Sauf au début de la campagne, le Chinois n'a jamais, *en rase
campagne*, pris l'initiative de l'attaque ; encore ne se risqua-
t-il à ces opérations, les 25 et 27 février, que la nuit.

Ses attaques furent renouvelées deux fois chaque nuit.

---

[1] On a pourtant une fois, mais une fois seulement, ramassé un éclat d'obus
Krupp ; c'était à Phu-Lang-Tuong, lors de la poursuite sur Lang-Son, après
Bac-Ninh.

On peut être persuadé que s'il renouvelle de pareilles tenta-tives, ce sera toujours de nuit. Les derniers combats de Chu, qui avaient, paraît-il, pour raison une *attaque des Chinois*, ont dû être provoqués par un piège tendu à leur naïveté militaire, et dans lequel ils auront donné tête baissée. Le Chinois régulier rançonne l'Annamite, mais n'attaque pas les Français en forces. Il n'en est peut-être pas de même du Pavillon-Noir, aujourd'hui presque disparu.

Depuis le 23 février 1884, l'ennemi s'est contenté d'occuper des positions dans lesquelles il a déployé l'art de la fortification la plus perfectionnée, et la plus dangereuse pour celui qui vou-drait l'aborder de front et l'attaquer à petite distance (exemple les merveilleuses précautions prises à Hong-Hoa); mais il n'a résisté dans ces retranchements qu'autant que sa ligne de re-traite a été assurée.

Dès qu'on fait mine de le tourner ou de menacer ses derrières, le Chinois s'enfuit.

Tel est donc le moyen d'en avoir raison. Chaque fois qu'on l'attaquera trop vite de front, on perdra des hommes qu'une simple manœuvre économiserait. Armés de plus comme nous le sommes, nous pouvons presque partout attaquer les Chi-nois à une distance telle que leurs projectiles ne nous atteignent pas, entre 700 et 600 mètres, les épuiser et les bousculer ensuite. Notre artillerie surtout produit sur eux une impression considé-rable; dès qu'ils l'entendent, les pavillons commencent à s'agiter et bientôt ils vont chercher position plus en arrière.

Ce qu'ils savent mieux faire que nous, c'est marcher dans la ri-zière, et être mieux renseignés de nos mouvements que nous des leurs. Cette situation, qui leur permet de nous éviter quand ils prévoient le danger, se prolongera tant que nous n'aurons pas de cavalerie au Tonkin.

Il ne faut pas oublier, enfin, que quand les Chinois sont de-puis plusieurs mois en station sur une position, ils ont su y accumuler des défenses très grandes, y disposer assez habile-ment les hommes armés de fusils, et répéter assez souvent leur leçon pour être des adversaires respectables, surtout si la posi-tion est difficile à tourner; il n'est pas douteux que dans ce cas-là un grand effort doit être demandé à l'artillerie et à la ca-valerie.

Le second ennemi que l'on rencontre au Tonkin, plus dangereux sans doute pour la population que pour nous, c'est le pirate indigène. Il n'a aucune organisation militaire. Les pirates se rassemblent en bandes plus ou moins nombreuses, 50 ou 100, armés de vieux fusils à piston, mais surtout de lances, couverts de matelassures en papier, et transportaut avec eux quelquefois une de ces coulevrines dont nous avons parlé plus haut. Ces bandes pillent et incendient les villages, arrêtent et rançonnent les barques, et doivent être impitoyablement massacrées quand on les atteint.

Ces quelques mots étaient indispensables pour faire comprendre le rôle joué par la cavalerie au Tonkin, et surtout celui qu'elle peut encore remplir.

II.

Dès que les renforts furent arrivés au Tonkin et qu'on entra dans la période des opérations actives, après Son-Tay, on s'aperçut, à mille détails journaliers, que l'effectif de la cavalerie du corps expéditionnaire (un demi-escadron de chasseurs d'Afrique, 50 chevaux) serait tout à fait insuffisant. On devait bien mieux encore s'en apercevoir plus tard, à Bac-Ninh, à Hong-Hoa. Néanmoins, si faible que fût l'effectif de cette vaillante troupe, les circonstances ne manquèrent pas pour l'employer.

Au moment des opérations contre Bac-Ninh, et quelques jours avant le passage du fleuve Rouge par la brigade Brière de l'Isle, qui devait exécuter une marche de flanc le long du canal des Rapides pour se joindre à Xu à la brigade de Négrier, la cavalerie fut envoyée sur la rive gauche pour tromper l'ennemi sur nos intentions et sur la direction que l'on comptait prendre. Habilement conduite par son chef, elle fit des reconnaissances sur tous les chemins qui aboutissent à la route mandarine de Hanoï à Bac-Ninh, et par des interrogatoires adroits de notables des villages qu'elle laissait ensuite libres, elle sut confirmer les Chinois dans la pensée que nous attaquerions immédiatement leurs positions sur la route Hanoï—Bac-Ninh. C'était plus qu'il n'en fallait pour les empêcher de sortir de leurs retranchements établis sur cette route.

Pendant la marche sur Bac-Ninh, le demi-escadron éclaira la colonne Brière de l'Isle sur son flanc gauche.

Le jour de la prise de Bac-Ninh, le demi-escadron, trop faible pour exécuter une poursuite, se porta rapidement et tout droit à travers la rizière, des hauteurs de Trung-Son à Bac-Ninh, pour inspecter la plaine et porter des ordres à la brigade de Négrier.

Dans la poursuite sur les routes de Lang-Son et Thaï-N'guyen, ce furent des cavaliers isolés qui relièrent les deux colonnes avec le quartier général, établi à Bac-Ninh. Ils firent là des courses forcées qui ne sont pas la moindre preuve de l'énergie des hommes et des chevaux.

Dans la marche sur Hong-Hoa, la cavalerie, qui fit un dur service de correspondance, eut à exécuter plusieurs fois des réquisitions de bétail et remplit parfaitement cette mission.

Enfin, pendant l'expédition de Bac-Lé, la cavalerie ouvrit le chemin à la colonne cernée et couvrit le passage du Song-Tuong, déployant dans toutes les circonstances une bravoure qui ne se démentit jamais.

On voit que la cavalerie n'eut pas à appliquer de tactique particulière, puisqu'elle pouvait se déplacer au Tonkin en rase campagne sans rencontrer d'obstacles réellement insurmontables. D'ailleurs, son effectif trop restreint ne lui permettait pas d'avoir, dans les grandes occasions, une influence directe très importante.

Et cependant chacun sentait qu'avec un régiment de cavalerie, à Bac-Ninh, on détruisait les Chinois; qu'en quatre jours on était avant eux à Thaï-N'guyen et à Lang-Son, et que cette défaite se tournait en un désastre pour eux; qu'à Hong-Hoa, les convois qui s'étaient échappés par le fleuve étaient rejoints, etc. La marche sur Lang-Son aujourd'hui n'eût-elle pas été accélérée, si l'on avait eu de la cavalerie pour s'éclairer dans un pays inconnu ?

Cette certitude, unanime au Tonkin, doit être partagée en France, qu'un parti de 150 à 200 chevaux peut tenter de grandes courses dans ce pays sans crainte d'être jamais inquiété, et que pendant six mois de l'année les raids les plus excentriques ne doivent pas l'effrayer. Il serait toujours facile, en cas de résistance, de percer les lignes d'un ennemi qui se contente de s'établir dans des forteresses ou des retranchements, et qui n'en bouge pas ou fort peu. D'ailleurs, dans ces excursions, il convient de ne pas forcer les chevaux, car on n'en trouve guère au Tonkin. Quelques chevaux de main serviraient à remplacer, le cas échéant, les chevaux trop fatigués.

Quant aux observations faites sur place, elles ont porté sur l'hygiène de l'homme et du cheval, sur sa charge, sur l'habillement, et enfin sur les meilleurs procédés de transport des animaux à bord des navires de l'État. Les plus importantes de ces questions seront examinées en détail plus loin.

III.

Les rapides observations qui précèdent sur la nature du terrain, sur l'ennemi, son armement, sa manière de se renseigner et de combattre, et son faible moral en présence de l'armement européen, laissent pressentir que l'emploi futur de la cavalerie peut être très utile, puisqu'il permettra d'aller aussi vite que l'ennemi, de le devancer même et de l'attaquer sur ses derrières, éventualité qu'il craint plus que toute autre.

Si le cheval peut être entretenu en bon état et vivre assez longtemps dans le pays, la seule objection grave qui se présente à l'esprit dans cette question est levée, et le rôle de la cavalerie devient d'autant plus prépondérant qu'elle n'a pas à craindre les manœuvres d'une cavalerie adverse, ni de grandes initiatives de la part de notre ennemi pour s'opposer à son audace.

Or, il suffit encore sur ce point de laisser parler les faits eux-mêmes pour être convaincu que le cheval (de demi-sang, de préférence encore à l'arabe) vit, marche et combat aisément dans ce pays.

Le demi-escadron de chasseurs était arrivé en janvier 1884 à Haïphong. Le capitaine dut faire un dressage préalable pour habituer ses chevaux arabes à entrer dans la rizière et à y manœuvrer. Huit jours suffirent pour cela. Le cheval de demi-sang, adroit et énergique autant que l'arabe, ne fait aucune difficulté pour trotter et galoper dans ce terrain, inondé à la vérité, mais dont le fond est ferme. Son pied, plus large que celui du cheval arabe, s'y appuie mieux.

De janvier jusqu'en août 1884, les chevaux n'eurent que rarement des abris. En outre, leur nourriture était mauvaise. Au mois d'août seulement on vit paraître un approvisionnement d'avoine et de foin pressé. La nourriture, jusque-là, consistait en paddy et herbe fraîche. Cette nourriture ne convient absolument pas aux chevaux arabes, qu'elle débilite ; les chevaux français s'y font mieux.

Or, malgré ces conditions hygiéniques défectueuses, l'expédition de Bac-Ninh et la poursuite (7-21 mars 1884) purent se faire sans que les pertes du demi-escadron, qui avait eu de dures fatigues à supporter, fussent de plus de quatre ou cinq chevaux.

Dans la marche sur Hong-Hoa (avril), avec les mêmes difficultés et la même hygiène médiocre, quelques chevaux moururent après avoir bu l'eau de puits empoisonnés ; d'autres en souffrirent beaucoup, mais rendirent encore des services. Dans cette marche, quatre chevaux moururent de fatigue.

Plus tard, en pleine saison chaude, le reste des chevaux du demi-escadron partit pour la colonne de Bac-Lé. Les fatigues qu'ils eurent à supporter et les balles des Chinois en tuèrent bon nombre, et prédisposèrent les survivants à des maladies qui, en août, réduisirent considérablement l'effectif.

Beaucoup de chevaux de l'escadron sont donc morts au Tonkin ; mais on voit que ce fut par suite de circonstances (marche et hygiène) qui s'éloignent absolument des conditions que la cavalerie rencontrera désormais, si l'on peut la porter à un effectif suffisant et si des approvisionnements d'orge et d'avoine sont constitués et distribués au Tonkin. Des dépôts créés dans toutes les places et postes à proximité desquels la cavalerie opérera assureront son ravitaillement, et il sera facile, en cas d'expédition, d'adjoindre alors aux convois de vivres portés sur jonques, dans la marche des colonnes, la quantité d'avoine nécessaire à la cavalerie.

Quant aux chevaux des officiers, qui jusqu'en août se trouvèrent à peu près dans les mêmes conditions hygiéniques, mais auxquels on ne demanda pas un travail excessif, non seulement aucun n'est mort épuisé, mais ils ont tous rendu d'excellents services et sont prêts à en rendre longtemps encore.

Ceux des officiers qui prirent le soin, en août 1884, de faire distribuer à leurs chevaux de l'avoine, les remirent absolument en forme.

Si l'on se rappelle maintenant que dans tous les combats que nous avons eu à livrer au Tonkin, nous n'avons pu recueillir tous les fruits de la victoire, parce que nous ne pouvions marcher dans la rizière ou dans la montagne aussi vite que l'indigène ou que le Chinois, la preuve sera faite que l'emploi d'une assez nombreuse cavalerie marchant sur les routes ou droit devant elle, dans une plaine inondée et difficile souvent, mais sans obstacles infranchissables au cheval, est d'une utilité incontestable, et même primera, pour beaucoup de petites opérations, l'emploi de l'infanterie.

Au Tonkin, une troupe de cavalerie largement approvisionnée en munitions va vite, combat à pied et poursuit l'ennemi. Et, dans ces conditions, la cavalerie pourra efficacement servir à maintenir l'ordre dans les provinces du Tonkin, comprimer des révoltes locales, saisir un chef de pirates; elle vaudra mieux souvent, pour ces opérations, que les bâtiments de la flottille, qui montrent bien leur pavillon sur les rivières, mais n'agissent que sur les rives, sont exposés à des attaques de forces supérieures et à petite distance, et sont souvent obligés de rétrograder à la baisse des eaux. Enfin, en dernière analyse, on peut dire que la cavalerie n'a besoin du secours de personne pour se transporter sur n'importe quel point : ce qui simplifie toujours les préparatifs et le commandement de ces expéditions.

Si, pour la plaine même du Delta, l'emploi de la cavalerie se justifie, et les faits sont là pour nous en convaincre, il est indispensable dès qu'on arrive à la montagne.

Quand on lance une colonne dans ces espaces montagneux couverts de jungles d'abord, de bosquets plus loin, puis de forêts impénétrables traversées seulement de quelques sentiers ou d'une route étroite, une des grandes préoccupations du commandement est d'assurer toujours la communication avec l'arrière. Le télégraphe souvent ne suffit pas ; il ne peut pas toujours s'établir et fonctionner ; en outre, il a l'inconvénient grave, en livrant presque à la publicité des renseignements qui doivent rester entre les chefs, d'atteindre le moral des troupes. L'exemple de Bac-Lé peut être cité à ce sujet.

La cavalerie remplacera, dans ce cas, les télégraphes et les bateaux. On ne peut alléguer que la dépêche surprise par hasard sera lue. Aucun des lettrés du Céleste-Empire que nous avons à combattre ne lit le français, encore moins une dépêche chiffrée. Elle fera dans ces régions inexplorées des reconnaissances, dont ceux qui se sont trouvés quelquefois obligés de marcher dans l'inconnu à la poursuite d'un but apprécieront toute la valeur.

Tel est donc le rôle qu'aura encore à remplir la cavalerie, pour parcourir et dominer toute la lointaine région de Cao-Bang, des lacs Ba-Bé, le pays de Lao-Kaï, et bien certainement les plaines et forêts du Laos, vers lesquelles les chefs de poste (quel que soit le système d'occupation du pays) seront amenés à jeter les yeux un jour ou l'autre, comme on a fait en Afrique quand on s'est établi successivement sur des lignes de plus en plus éloignées vers le Sud.

Cette prévision n'est ni prématurée ni oiseuse; au point de vue de la guerre, *il n'y a ni frontières ni limites*, et dans ce pays-là moins qu'en d'autres. La moisson payera largement nos efforts.

IV.

L'idée que l'on ne peut utilement et économiquement se servir de la cavalerie au Tonkin ne repose donc sur aucune base sérieuse.

Si l'entretien de cette troupe coûte plus cher que celui d'une troupe à pied, il faut penser que par son action elle évitera à l'infanterie de si grandes fatigues sans se diminuer elle-même, elle supprimera tant de retards ou d'expériences, que la dépense de son entretien sera largement couverte par les économies réalisées sur le temps et la vie des troupes de l'infanterie ou de l'artillerie.

Nous n'avons pas ici à traiter la question des effectifs de cavalerie nécessaires en Annam, bien que notre esprit soit fixé sur ce point; c'est l'affaire de ceux qui sont sur place.

Mais ne ressort-il pas de ce qui précède que, dans bien des circonstances, le défaut de cavalerie a fait souffrir le corps expéditionnaire, et qu'une force sérieuse de cavalerie dans ce pays faciliterait beaucoup les opérations et assurerait la pacification, en permettant d'obtenir sur tous les champs de bataille des résultats dignes des bonnes mesures stratégiques ou tactiques qui n'ont jamais cessé d'être prises, malgré des difficultés de tout ordre [1].

Ajoutons, enfin, que la création d'un vaste réseau de communication sera, non pas la chose du monde la plus simple, mais une opération peu difficile à faire exécuter par les habitants eux-mêmes ; qu'elle est d'ailleurs indispensable pour diminuer les effectifs d'occupation, et que lorsqu'on y aura ajouté une ou deux voies ferrées, l'Indo-Chine deviendra la plus belle de nos colonies.

---

[1] Il existe au Tonkin et en Annam une race de chevaux indigènes très dure à la fatigue, très sobre, mais fort petite. Ces chevaux ont la taille des poneys corses ; ils ont le pied très sûr et marchent en toutes saisons sur les chemins les plus glissants, mais ils ne peuvent pas parcourir la rizière, ou du moins quand ils y entrent leur petitesse fait que le cavalier prend un bain jusqu'à la ceinture. Cette raison, ajoutée à celle qu'ils n'ont pas l'allure des grands chevaux, est cause qu'on ne peut songer à monter la cavalerie avec cet animal. Les officiers d'infanterie sont tous montés en chevaux annamites qui leur rendent de bons services.

Le seul avantage que procurerait l'emploi de ce cheval, comme monture d'une troupe, c'est qu'avec lui on peut toujours traverser les plus larges cours d'eau ; il est, en effet, habitué à entrer dans la plus petite barque, et les sampans pullulent en tous lieux au Tonkin.

Cependant des chevaux français ont traversé à la nage le fleuve Rouge, après avoir déjà supporté de grandes fatigues.

L'envoi de la cavalerie au Tonkin ne peut se faire que si, au préalable, toutes les mesures d'hygiène sont prises pour le moment de son arrivée et pour la traversée. Une des mesures indispensables pour cette longue traversée de 40 jours est de munir chaque cheval de sangles allèges lui permettant de ne pas toujours reposer sur ses quatre pieds. A bord, le cheval ne peut se coucher, il faut au moins le soutenir.

L'homme doit être vêtu légèrement pour la saison d'été au Tonkin ; le meilleur vêtement adopté d'ailleurs par tous les cavaliers, consiste en une veste en toile, une culotte légère et des houzeaux. La botte est trop chaude, et la basane trop lourde. Si l'on veut que le cheval ne souffre pas trop du climat, il faut par avance lui préparer un abri sérieux ou de véritables écuries.

N.-B.—Voir la carte du Delta du Tonkin au 1/300000e, faite par le Dépôt de la guerre et levée par les officiers du corps expéditionnaire.

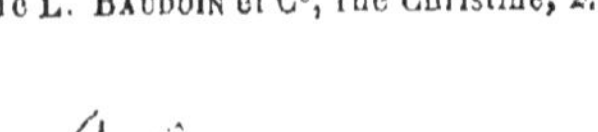

Paris. — Imprimerie L. Baudoin et Cie, rue Christine, 2.

ABONNEMENT POUR L'ANNÉE 1885

AU

JOURNAL DES SCIENCES MILITAIRES [1]

Directeur : L. BAUDOIN et C°

61° ANNÉE (1885)

Le *Journal des Sciences militaires* est le plus ancien recueil français de science, d'art et d'histoire militaires. Fondé en 1825 par M. J. Corréard, placé en 1872 sous la direction de M. J. Dumaine, il compte plus d'un demi-siècle d'existence.

Les travaux qu'il a publiés, depuis cette nouvelle direction, l'ont mis aux premiers rangs de la presse militaire de l'Europe; ils lui ont valu le suffrage d'un grand nombre d'officiers de toutes les nations et l'appui confraternel des organes des armées étrangères.

L'élite des écrivains militaires tient à honneur de collaborer à cette publication, pour laquelle la direction s'est assuré le concours des spécialistes les plus estimés dans le monde militaire.

(1) Paraît le 15 de chaque mois en une livraison de au moins 10 feuilles d'impression (160 pages), avec cartes, plans et dessins.

Les douze livraisons de l'année forment quatre volumes compactes d'environ 500 pages chacun.

PRIX DE L'ABONNEMENT :

	Un an.	Six mois.
Pour la France.	35 fr.	20 fr.
Pour l'Etranger (port simple)	40 »	22 »
— (port double)	45 »	24 »

NOTA. — Les abonnements ne sont reçus que partant du premier jour de chaque trimestre.

Paris. — Imprimerie L. Baudoin et C°, rue Christine, 2.

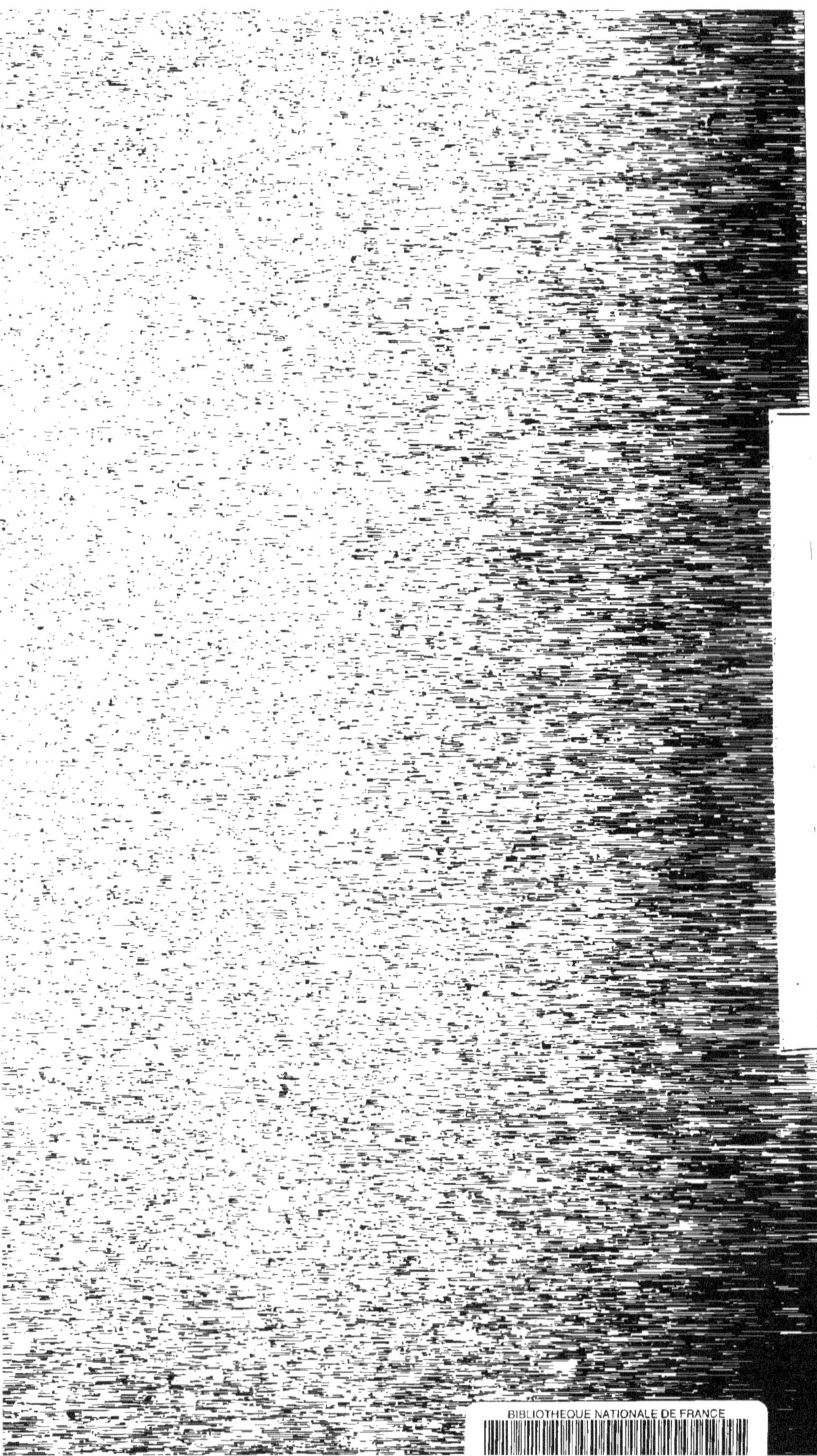